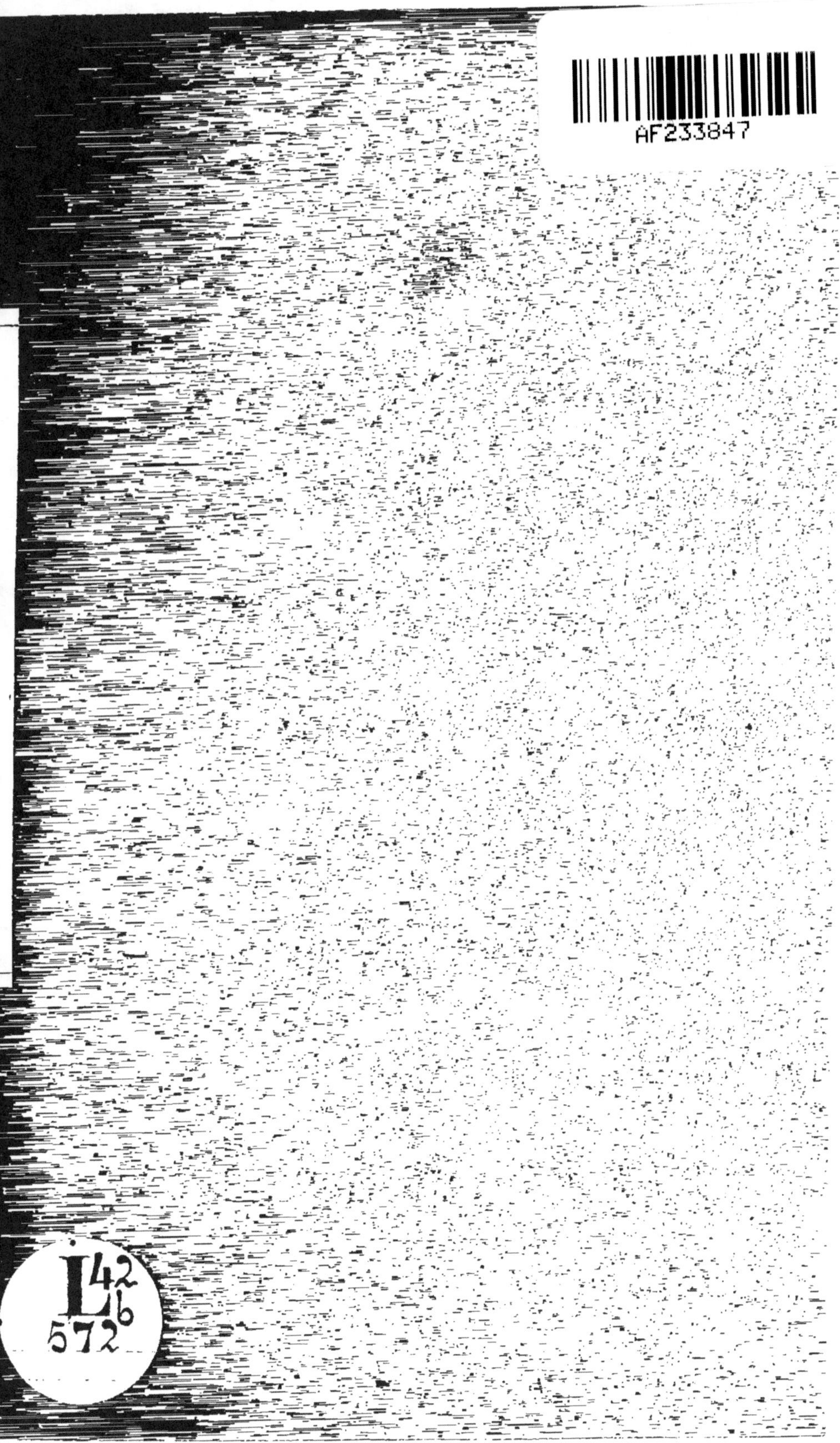

SUR LES ÉLECTIONS

DU DÉPARTEMENT DE LA LOIRE, AN 6.

I.

PAR quelle fatalité la République française, si redoutée, si puissante au-dehors, voit-elle toujours son sein déchiré par les factions ? La grande Nation ne peut-elle donc être la Nation heureuse ? Jusqu'à quand serons-nous froissés par les réactions successives du royalisme & de l'anarchie ? Si l'un avoit déployé tous les ressorts de la politique pour diriger dans son sens les élections de l'an 5, l'autre n'a pas craint de joindre la force ouverte aux intrigues pour dominer celles de l'an 6. En vain les soins & les proclamations du Directoire ont affoibli ou fait déguiser les résultats de cette vaste conspiration ; en vain des scissions salutaires ont forcé les dominateurs des assemblées à abandonner des candidats dont le nom soulevoit tous les amis de l'ordre & de la patrie, ou à leur associer des noms chers aux républicains : quel homme un peu attentif peut se dissimuler l'existence du projet, la correspondance des chefs & la marche uniforme des subalternes dans toute la République, l'emploi des manœuvres les plus odieuses pour comprimer, dénaturer le vœu du peuple dans ses assemblées, leur succès dans plusieurs départemens & l'attitude inquiétante d'un parti qui menace le gouvernement & la constitution de l'an 3 ?

Le département de la Loire vit se consommer sans obstacle l'exécution de ce plan liberticide sur toute son étendue. Là, le Directoire trompé avoit fait recueillir aux anarchistes tous les fruits de la journée du 18 fructidor : elle devint leur patrimoine. Leurs agens, leurs créatures assiégèrent le gouvernement de dénonciations contre les répu-

A

blicains les plus prononcés , & fe firent diftribuer toutes les places. Adminiftration centrale (1), adminiftrations in-

---

(1) On peut juger l'adminiftration centrale par deux de fes membres. *Chanat*, cordonnier à Saint - Chaumont, fut nommé par Javogues vice-préfident de fon fanguinaire département. L'extrait d'un de fes arrêtés donne un échantillon de fon zèle à feconder le proconful & à renchérir fur les lois de Robefpierre.

« Dans la féance du 15 frimaire an 2, où étoient les citoyens » Chanat, préfident en l'abfence, &c. Le Confeil, confidérant .... » qu'en révolution l'application des lois doit être révolutionnaire. ... » . . . . ; qu'il faut rappeler rigoureufement les lois à cette » bafe éternelle de la fociété, qu'elles ne doivent leurs bienfaits » qu'aux amis ardens de leur patrie, & qu'elles ne doivent à tous » ceux qui n'ont rien fait pour elle que la vengeance nationale ; que » fi l'adminiftration fe contentoit des formes exigées par les lois » pour les certificats, il arriveroit que des hommes qui ne firent ja- » mais rien pour la chofe publique, qui, par leur coupable apa- » thie, préparèrent les maux profonds de leur patrie, que des êtres » même dangereux & fufpects obtiendroient des certificats (de ré- » fidence), &c. , arrête, » 1°. Sans rien déroger aux conditions & formes prefcrites par » les lois fur les certificats de réfidence, nul citoyen ne fera admis » à certifier la réfidence d'un individu, s'il ne produit un certificat » de civifme poftérieur à la deftruction du fédéralifme. »

On fait à quels gens on donnoit alors des certificats de civifme. Il exifte des arrêtés encore plus violens de cette adminiftration : nous n'en avons pas les expéditions.

Après le 9 thermidor, Chanat fut, pour prix de fes fureurs & pillages, conduit à Paris par ordre des comités de la Convention. Il dut fa liberté à la loi de l'amniftie, & fe lia bien vîte avec les Babouviftes. Dès le 27 brumaire an 3, Buonarotti lui mandoit les premiers fuccès du club du Panthéon, le chargeoit de raviver l'ef- prit public dans le département de la Loire, & lui prefcrivoit une correfpondance fuivie. Cette lettre eft entre les mains de la députa- tion de la Loire. Auffi trouve-t-on, à la page 70 du premier volume des pièces imprimées de Babœuf, *Chanat de Saint-Chaumont*, fur la lifte des patriotes purs que Babœuf appeloit à fa convention, pour fiéger fur les cadavres des repréfentans du peuple.

Renommé adminiftrateur par le Directoire en l'an 4, il ne changea pas de principes ; il commit avec fes collègues toutes fortes de concuffions & d'infidélités dans la vente des biens nationaux ; des plaintes multipliées en furent portées au gouvernement. Renommé

férieures (2), direction du jury, tout fut mis entre leurs mains, & la plupart des cantons furent étonnés de voir leurs intérêts les plus chers confiés à céux qui les avoient désolés sous Robespierre.

Le Directoire étoit si indignement abusé qu'on lui fit nommer à la place importante d'accusateur public le trop fameux Dubessay (3). À cette nouvelle, la consternation fut générale. Le sanctuaire de Thémis alloit devenir l'antre de Thisyphone. Heureusement la nomination ne devança les élections que de deux mois, & Dubessay ne jugea pas à propos de quitter Paris pour revenir sur cette terre encore fumante du sang de ses victimes.

La tactique du parti, maître des places, tendit alors à associer le gouvernement à ses fureurs. Rapports, dénonciations, procès-verbaux calomnieux ou exagérés, tout fut

---

par le directoire après le 18 fructidor, il a remis encore le pillage & la terreur à l'ordre du jour. On voit que ce disciple de Javogues & de Babœuf étoit bien digne d'être, comme il l'a été par ses pairs, proclamé en germinal dernier, père du peuple, & porté au Corps législatif par l'assemblée électorale de l'Oratoire de Montbrison.

Monate, ancien commissaire de Javogues, fut accusé de plusieurs dilapidations. Il a été depuis l'auteur & le complice des scènes de sang & de pillage commises à Lavala, à Saint-Chaumont. Encouragé par l'impunité, il a été, en l'an 6, le digne collègue de Chanat à l'administration centrale.

(2) Nous ne citerons qu'un exemple de l'effronterie avec laquelle on trompoit le Directoire, pour lui arracher des destitutions. On lui a fait destituer la municipalité de la Pâcaudière, *comme ayant favorisé les égorgeurs*; & ce canton, toujours tranquille, loin d'être le théâtre d'aucune scène sanglante, n'avoit pas même vu une seule dissention politique.

(3) Dubessay, nommé par Javogues juge de la commission révolutionnaire de Feurs, se montra un de ses plus sanguinaires satellites. Il poursuivit avec acharnement, il condamna à mort une foule de citoyens. Redevenu à Paris le camarade de Javogues, il fut saisi parmi les conspirateurs de Grenelle, & condamné à la déportation. L'irrégularité du jugement l'a sauvé de cette juste punition de ses crimes. Voilà l'homme sur qui on dirigeoit le choix du gouvernement pour en faire l'accusateur du crime & le protecteur de l'innocence.

employé, pour rendre [illegible] est-elle [illegible]
[illegible] & aux [illegible] un département
peut-être que tout autre du besoin de [illegible]
au gouvernement. On fut jusqu'à [illegible]
[illegible] en Directoire, que les [illegible]
& venoient jusqu'aux portes de Montbrison.

Un mensonge aussi impudent, [illegible] employé
[illegible] à justifier la taxe, en réquisition des [illegible]
bles du département, organisées dans [illegible]
par Philipon, Renard, Saint-Didier.

(4) Chanat & compagnie avoient employé [illegible]
en l'an 4, la même tactique des faux rapports. Voici
[illegible] de division écrivit à un représentant du peuple [illegible]
« Le département de la Loire est agité par des [illegible]
» cherchant à alarmer le gouvernement pas de [illegible]
» un bataillon [illegible] a été envoyé en poste pour vérifier [illegible]
» qu'un rassemblement de dix mille hommes commandé par [illegible]
» & d'après un mûr examen de cet officier, il a été [illegible]
» couvert [illegible] rassemblement que dans l'imagination d'un [illegible]
» [illegible] qui, ayant commis des crimes sans nombre [illegible]
» [illegible] le châtiment, & cherchent à faire [illegible]
» [illegible] des objets plus intéressans qu'eux [illegible]

(5) Philipon, dont le nom ne s'entend pas dans le [illegible]
[illegible] y accolle l'idée du sang & du vol, enrichi par [illegible]
[illegible] encore avec acharnement les veuves & les orphelins [illegible]
qu'il dénonça, vola & fit périr sous Javogues [illegible]
[illegible] de qui Lanoir nommé juge de la commission de [illegible]
[illegible] n'a [illegible] avoir jamais opiné qu'à la mort. Il porta une [illegible]
[illegible] à son chapeau en guise de cocarde. [illegible]
[illegible] dans le temps de la terreur [illegible] avoit été [illegible]
[illegible] avoir été [illegible] au [illegible]
[illegible] parle d'émigré, commissaire du Directoire, [illegible]
[illegible] de vase depuis d'un an, la contre-[illegible]
[illegible] l'an 4, il fondit sur Guérêtes, avec [illegible]
[illegible] armés, & y commit tous les excès sans [illegible]
[illegible] celui d'incendier, lesquel [illegible]
[illegible] les probantes de cette [illegible] sont [illegible]
[illegible] du Directoire, dont on demande [illegible]
[illegible] [illegible] son commissaire [illegible]
[illegible] [illegible]
[illegible] par ambition, & cherchent à prolonger les [illegible]

Dans les trois mois antérieurs aux affemblées primaires, ces colonnes mobiles, requifes pour maintenir la paix qui n'avoit pas été troublée, fe font promenées dans tout le département pour y répandre l'effroi. Il n'eft forte de dévaltations, d'extorfions, de brigandages qu'elles n'ayent commis dans les cantons les plus paifibles.

A ce puiffant moyen de terreur étoient joints tous ceux dont on avoit pu s'avifer. La vieille confpiration Béfignan, des meurtres commis en l'an 3 lors de la réaction, l'affiftance prétendue de deux ou trois ans aux meffes des prêtres réfractaires, étoient trois filets qu'on étendoit à fon gré fur toutes les têtes, trois cadres où l'on plaçoit tous ceux qu'on vouloit inquiéter. Témoins fubornés, procédures clandeftines, mandats d'arrét annoncés avec éclat, & fouvent fans exiftence; dénonciations provoquées; vifites domiciliaires; annonce de liftes de profcriptions vraies ou fauffes; refus de paffeports dans plufieurs communes; dénonciations virulentes contre les repréfentans du département; féqueftres mis arbitrairement; lifte du jury compofée de tous les hommes de 1793; menaces contre tous ceux qui, hors de leur parti, oferoient paroître aux affemblées primaires, on n'omit rien pour propager la terreur, & au premier germinal elle

---

jufqu'à ce qu'elle les ait portés au plus haut dégré. Prêtre, tant que le métier lui parut bon, enfuite huffard, il devint fecrétaire des repréfentans du peuple en miffion, & fut toujours le protecteur des hommes & des mefures ultra-révolutionnaires: devenu commiffaire du directoire à Charlieux, il n'a ceffé de jeter le trouble & la difcorde dans ce canton. Les actes les plus arbitraires font devenus un jeu pour lui. Dominateur de l'adminiftration centrale, qu'il avoit fait nommer, il la trouvoit toujours prête à confacrer fes injuftices & fes violences: dénonciateur éternel, il a affailli la police de faux rapports, de pièces, pour lefquelles il avoit furpris des fignatures. A la tête d'une colonne mobile, avant les affemblées primaires, il a fait piller & contribuer Saint-Symphorien & les cantons environnans. Source de tous les maux de ce département, c'eft lui qui, par le canal de deux repréfentans dont il a furpris la confiance, a extorqué au Directoire toutes les déteftables nominations dont le département eft victime.

planoit fur tous les cantons. Dans prefque tous , les mefures fe trouvoient prifes pour écarter des affemblées les
républicains un peu énergiques & les partifans de la
conftitution.

A Saint-Bonnet , les citoyens trouvent le lieu de leur
féance occupé par la colonne mobile , qui avoit fait retentir
les rues de cris de profcription , & dont le chef s'anon-
çoit comme porteur de plufieurs mandats d'arrêt. Des
hommes ivres & furieux , le fabre à la main , foutenus
par des agens des communes , chaffent du bureau le fecrétaire défigné par la loi , pour en inftaller un autre.
Des individus inadmiffibles à voter groffiffent le défordre.
Des cris , des menaces , des coups de bourrade , des arref-
tations exercées malgré le préfident , qui ne peut , ni maintenir l'ordre , ni fe retirer , épouvantent les citoyens. Le
commiffaire du Directoire tente en vain deux fois de calmer
les efprits : l'immenfe majorité des citoyens eft obligée de
former fciffion; le chef de la colonne mobile vient encore,
le fabre à la main , avec fes fatellites pour la diffoudre , &
elle a befoin de courage pour achever fes opérations , dont
elle a fait imprimer le procès-verbal.

A Charlieux , Saint-Didier faifoit fuir devant un pré-
tendu mandat d'arrêt le citoyen Duplex , dont il craignoit
la fermeté , & faifoit déclarer par la municipalité (1) une
vingtaine d'individus incapables de voter , fous prétexte de
royalifme ou de fanatifme. Auffi fes partifans feuls ont ofé
aller à l'affemblée. Ce Saint-Didier avoit préparé les mêmes
réfultats à Saint-Symphorien ; & , à la tête d'une colonne
mobile , il avoit fait infulter , menacer , piller les préten-
dus ariftocrates , chez lefquels il avoit fait placer cette troupe
à difcrétion , en lui recommandant de ne pas ménager fes
hôtes. Tout ce brigandage eft refté impuni. Les jacobins
du canton , pour étouffer les cris des vexés , annonçoient
qu'on en verroit bien d'autres ; que fous trois mois les

---

(1) Il n'a pas été poffible d'avoir une expédition de cette délibération.
Le regiftre de la municipalité n'eft ouvert qu'aux amis de Saint-Didier.

miniſtres , le Directoire , le Corps légiſlatif y paſſeroient.
Auſſi tout ce qui n'étoit pas de leur parti s'eſt bien gardé
d'aller à l'aſſemblée primaire : il n'y eût pas paru impu-
nément.

Saint-Didier avoit fait traiter encore plus rudement les
communes de Chiraſſimon , Croiſet , Saint-Juſt , &c. Elles
ſe ſouviendront long-temps de ce fléau , pire pour elles
que la grêle & la gelée.

Montbriſon , ſiége de l'adminiſtration centrale , étoit le
centre de la terreur. Des mandats d'arrêt étoient annoncés
contre certains hommes , s'ils oſoient paroître à l'aſſemblée. Pour remplacer les exclus, on fut juſques dans l'hoſ-
pice des pauvres renfermés chercher des hommes ſans qualité pour voter. Auſſi le chef des électeurs nommés a été
ce redoutable Phalipon , commandant habituel de la colonne
mobile.

A Saint - Jean Soleymieux , Rochat , oncle d'émigré ,
ſujet à la loi du 3 brumaire , ſe fait nommer préſident de
l'aſſemblée , & ne répond aux réclamations faites contre lui
qu'en doublant la force armée dont il avoit inveſti le bureau. Les votans, pour prévenir une infidélité à laquelle Rochat devoit la préſidence , prennent le parti , lorſqu'ils ne
ſavent pas écrire , de dicter à haute voix leur ſuffrage au bureau ; enfin , las de l'opiniâtreté & des tracaſſeries de ce préſident uſurpateur , ils font ſciſſion au nombre de deux cent huit ,
qui étoit la très grande majorité.

A Saint-Georges-ſur-Couſan , une aſſemblée primaire ,
compoſée de la majeure partie des citoyens, opérant tran-
quillement & ſans armes, eſt qualifiée par la municipalité
d'attroupement en état de révolte , & diſſoute par la force
armée. Les citoyens ſont battus, maltraités ; un vieillard
octogénaire eſt grièvement bleſſé. Le procès-verbal a été
dépoſé au Corps légiſlatif.

Dans le canton de Villemontais , pendant qu'une colonne
mobile amenée par Renard paralyſe une partie des citoyens , on choiſit cinquante pères de famille pour former

une autre colonne mobile, qu'on envoie sans nécessité à Montbrison, pendant le temps de l'assemblée, pour les priver de leur droit de suffrage. A l'assemblée communale, les citoyens arrivant trouvent, à huit heures du matin, cinq individus occupant le bureau, & y restent malgré leur réclamation. Le capitaine de la colonne mobile, étranger au canton, de concert avec l'agent, empéche vingt-cinq citoyens d'émettre leur vœu. Les autres, trompés de toutes manières par ces scrutateurs intrus qui dénaturent leur vote, sont obligés de se retirer & sont menacés. Des protestations en ont été dressées pardevant notaire.

A Boën, soixante à quatre-vingts citoyens ont été exclus arbitrairement de l'assemblée.

En général la plupart des cantons, quoique très-tranquilles, avoient été garnis de détachemens de colonnes mobiles pour comprimer leurs assemblées. En général, ou des manœuvres & des menaces ont éloigné les citoyens des assemblées, ou ils en ont été exclus arbitrairement, ou ils ont vu changer leurs scrutins, ou ils ont vu admettre des citoyens qui n'avoient pas les qualités requises pour voter. Il est des cantons où il n'y a pas eu la vingtième partie des citoyens qui y seroient venus s'ils n'eussent été effrayés. En général, il n'y a eu ni liberté ni intégralité. Aussi, parmi les électeurs, a-t-on vu arriver les hommes qui, sous Javogues & Robespierre, avoient le plus marqué par leurs vols & leurs atrocités.

Arrivés à Montbrison, les chefs rallient leur troupe sous la gance jaune. On se réunit en grand nombre chez Phalipon pour y concerter les opérations. Des conciliabules moins nombreux, où l'on dépouille une correspondance active & secrète, dirigent les déterminations de la grande réunion. Des cris & des chants anarchiques, d'éclatantes orgies, les huées & les insultes aux électeurs qui n'ont pas le signe de ralliement, Chanat proclamé père du peuple par les mêmes bouches qui louoient Robespierre & Marat, tout annonce ce qui doit se passer dans l'assemblée, dont une horde menaçante bloque les entours. Saint-Didier, quoiqu'il y en ait de plus eunes que lui, s'empare du poste de secrétaire. Les réclamations font inutiles, on refufe de les entendre. Des étrangers s'introduifent dans la falle parmi les électeurs, pour augmenter le tumulte, & opinent avec eux.

Après le bureau formé, on paffe à la vérification des pouvoirs. On veut paroître en charger les plus âgés de chaque canton. L'électeur Fromage demande à prouver que l'on n'a a pas pris les plus âgés ; que quelques-uns de ceux qui font nommés vont fe trouver rapporteurs dans leur propre caufe. On l'interrompt, on le hue ; on menace de l'arrêter : les groupes fe multiplient, le défordre augmente.

Le 22, les commiffions font un rapport pour la forme. Les opérations des affemblées fciffionnaires font rejetées fur le moindre prétexte. En vain, fur la première, quelques électeurs prennent la parole pour foutenir fa validité ; ils font fi mal accueillis que perfonne n'ofe plus ouvrir la bouche en faveur des autres, bien moins encore attaquer les nominations de celles où la violence, ou des arrêtés illégaux ont exclus des votans.

Rochat, oncle d'émigré, eft admis électeur fur la fimple allégation qu'il a toujours rempli des fonctions publiques, & cependant nous le défions de prouver qu'il en ait rempli aucune dans l'an 3. Nous avons la certitude du contraire.

Cette victoire eft célébrée par un grand dîné où affiftent leurs frères & amis de l'adminiftration centrale. Pendant la durée & à la fuite de cette orgie, les menaces, les imprécations les plus violentes, l'invocation de Marat & de Robefpierre fe font entendre. On fortit du banquet dans un état d'ivreffe qui ne permettoit pas de tenir de féance : il n'y en eut point cette après-midi, & c'eft contre toute vérité que le procès-verbal fait mention de la lecture du procès verbal du matin : perfonne n'étoit en état de le lire ni dé l'entendre.

Cependant, environ foixante électeurs, las de ce fyftême d'oppreffion, effrayés des choix déteftables qui alloient en être la fuite, fe décident à faire fciffion. Leur procès-verbal ne dit pas, mais des rapports fidèles nous affurent qu'ayant été à l'adminiftration centrale pour lui demander un local & protection pour s'affembler, ils furent entourés par une bande nombreufe & ivre, infultés, quelques-uns maltraités.

Plufieurs d'entre eux, effrayés, s'en retournent dans leurs cantons. Vingt-quatre de ceux qui avoient été admis par l'affemblée générale fe réuniffent le lendemain 23 dans une auberge où ils ont confommé leurs opérations, l'adminiftration centrale ayant toujours perfifté à leur refufer un local, & y font joints par quatorze autres.

Le foir, un commiffaire de police, à la tête d'une force armée, vient leur ordonner de fe diffoudre, & veut enlever tous les papiers fur le bureau. Les électeurs foutiennent qu'ils font en droit de s'affembler. Après une longue & violente difcuffion, deux municipaux & le commiffaire du Directoire, craignant fans doute les fuites d'une pareille violence, viennent faire retirer la force armée.

Depuis ce moment, l'affemblée fciffionnaire procéda paifiblement : fes nominations furent marquées au coin de la fageffe & du civifme. L'efpoir de les voir confirmées calma l'épouvante qu'avoient jetée dans tout le département les choix faits par l'affemblée de l'Oratoire.

Elle avoit appelé à la légiflature Chanat & Saint-Didier, que nous avons dépeints ; Martin, qui nous eft peu connu, mais qui paffe pour avoir apporté de Lyon une fortune volée dans le temps de la terreur, & eft appelé à Roanne Martin *brife-fcellé*, pour le diftinguer de ceux qui portent le même nom ; Syove, ancien prêtre qui, prefque inconnu du département, n'a été fans doute nommé que comme correfpondant de la faction à Paris ; Syove, qu'on nous affure avoir été tour-à-tour prêtre fans mœurs, commiffaire des guerres deftitué pour dilapidations, époux divorcé & rédacteur du journal *l'Écho des cercles conftitutionnels* ; Ferrand, commiffaire du Directoire, ne fut adjoint à ces quatre que par des motifs de politique.

Elle avoit appelé à l'adminiftration Monate, & d'autres hommes auffi connus dans les faftes ultra-révolutionnaires.

Elle avoit donné la place d'accufateur public à un homme profondément pervers, & très-ignorant dans cette partie, & celle de greffier à David, connu par ce mot dans un club en 1794 : *J'ai fait tomber foixante têtes.*

L'affemblée fciffionnaire au contraire a nommé deux com-missaires du Directoire connus par leurs principes, un admi-niftrateur du département, patriote prononcé, mais non à la hauteur de fes collègues, qui le traitoient de chouans, & deux membres de la Convention, Camus l'archivifte & Foreft, prifonniers, l'un de l'Autriche, l'autre du 31 mai. Elle a nommé juges & adminiftrateurs des hommes ayant les lu-mières & les vertus néceffaires.

Tels font les choix entre lefquels le Corps légiflatif doit prononcer; & quoiqu'en général il faille juger les chofes & non les hommes, ici ces derniers ne font point indifférens: car s'il exifte de violentes préfomptions qu'une faction a fubjugué les affemblées primaires, & fi les électeurs ont porté aux places les chefs de cette faction, quoiqu'ils n'euf-fent la plupart ni vertus, ni talens, alors les préfomptions d'attentat à la liberté des votans deviennent des preuves; & ces choix, fruits de l'intrigue & de la violence, tombent d'eux - mêmes. Or nous avons paffé en revue les divers moyens employés pour femer la terreur, dont le plus puif-fant, le plus univerfel étoit cet envoi de colonnes mobiles dans prefque tous les cantons, même les plus paifibles. La proclamation du 9 germinal, trop nuifibles aux vues des anarchiftes, avoit été affichée fans caractère officiel, & prefqu'auffitôt arrachée qu'affichée. Chanat & Saint-Didier ont été les grands organifateurs de cette terreur: ce font eux qui en recueillent les fruits & qui font nommés députés. En vain nous dira-t-on que nous ne rapportons des réclamations ou proteftations que d'un petit nombre de cantons: il a fallu à ces cantons beaucoup d'énergie & de courage pour les faire; on en peut juger par le procès-verbal imprimé de Saint-Bonnet. La crainte, la ftupeur dominent tellement les autres qu'ils n'ofent fe plaindre de peur de fe voir piller par ces terribles colonnes mobiles: on en jugera par ce trait. Une colonne mobile dirigée par Saint-Didier, après avoir, vécu à difcrétion dans les communes de Chiraffimon, Croifet, Saint-Juft, &c. y a levé une contribution arbitraire d'envi-ron 10,000 francs; la majeure partie a fervi à payer la folde de la colonne, ou 2,663 fr. ou 2,766 fr. qui restoient, ont été envoyées à l'administration centrale, qui, sans doute, se fera servie pour payer les orgies des électeurs. Eh bien, cette effrayante concussion, réprouvée par toutes les lois, dé coute la sévérité du gouvernement & des tribunaux, reste impunie, *sans que personne ait osé s'en plaindre*; & il en est de même d'une foule d'autres; chacun gémit & se tait.

« Si les citoyens, écrit l'un, se voyoient protégés par » le gouvernement, de tous les cantons où les assemblées ont » été vexées, on lui adresseroit des réclamations; mais dans » un pays où l'on est toujours à la veille d'être pillé par les » colonnes mobiles, & sous le joug d'une espèce de terreur, » on est bien éloigné de s'exposer à faire entendre ses » plaintes. » J'avois proposé, écrit un autre, « d'adresser des » protestations au Corps législatif & au Directoire; ma » proposition n'a pas fait fortune: les uns craignent, la dé » goût s'est emparé des autres: je suis un peu, je l'avoue, » de ces derniers. L'expérience m'a fait juger que puisqu'on » combat vainement contre l'anarchie, il est sage peut-être » de se laisser aller au gré des événemens & de se confier » au destin ». Symptôme d'indifférence funeste, & qui, en se propageant, en laissant libre carrière aux méchans, entraî neroit bientôt la chûte de la République.

Dans cette occasion, la rareté des réclamations n'est donc qu'une preuve de la violence de l'oppression; les oppres seurs sont les mêmes hommes qui, sous l'avogue de Ro bespierre, couvrirent ce département de sang & de rapines. La composition des comités & des autorités révolutionnai res a servi de base à celle des autorités actuelles, à la no mination de la plupart des électeurs; & vient de fournir à l'assemblée de l'Oratoire les noms de ceux qu'elle a appelés aux plus augustes fonctions.

La majorité de l'assemblée de l'Oratoire n'est donc que factice; elle est composée d'hommes qui, n'ayant pas été librement élus, ne pouvoient être électeurs, & qui ont écarté par les cris & les menaces les justes réclamations qu'on a faites contre leur admission. Leur élection, fruit de la force, est radicalement nulle ; & combien, auprès de cette nullité radicale, sont foibles les prétextes sous lesquels ils ont chassé les vrais élus du peuple ; ceux des assemblées scissionnaires ! Le plus commun a été le défaut de dépôt de leur procès-verbal au secrétariat de leur municipalité. On a reproché à une de n'avoir pas tenu sa séance dans le lieu indiqué par l'administration centrale ; à une autre, d'avoir nommé le président & le secrétaire par un seul scrutin ; à une troisième, d'avoir refusé le serment de haine à la royauté.

Ce dernier fait est dénaturé : les votans de Saint - Jean Soleymieux refusèrent, il est vrai, de prêter le serment entre les mains du président Rochat, oncle d'émigré, qu'ils prétendoient nommé illégalement, & qu'ils refusoient de reconnoître. Lorsqu'ils eurent fait scission, & eurent un autre président, ils le prêtèrent tous, & leur procès-verbal en fait mention.

Les autres objections ne sont guère mieux fondées. Il paroît que la municipalité de Saint-Georges-sur-Coufan avoit indiqué la tenue de l'assemblée primaire ailleurs que dans le lieu où elle s'étoit tenue les autres années, sans faire connoître d'arrêté de l'administration centrale qui l'ordonnât. D'ailleurs l'administration centrale même n'avoit pas le droit de faire ce changement. L'instruction du 18 ventôse, chapitre Ier, livre Ier, dit expressément que le nombre & le lieu des assemblées, une fois fixés, doivent durer trois ans ; & que les administrations centrales, l'ayant fait en l'an 4, ne doivent pas le recommencer avant l'an 7.

Le §. III de cette instruction ne défend pas de nommer le président & le secrétaire dans un seul scrutin, & l'on sent qu'il n'y a pas d'inconvénient, pourvu que chaque votant explique celui qu'il appelle à la présidence, & celui qu'il appelle au secrétariat. L'instruction semble même supposer qu'ils sont nommés simultanément, puisqu'elle leur fait prêter le serment dans le même instant, à la différence des scrutateurs, qui, nommés après eux, le prêtent plus tard.

L'instruction impose plus précisément l'obligation de

déposer le procès-verbal au secrétariat de la municipalité; mais elle n'a pas prévu que des municipaux factieux, oubliant leurs devoirs & bravant la souveraineté du peuple, tenteroient de dominer, de dissoudre par la force l'assemblée primaire. On sent que les agens de Saint-Bonnet & de Saint-Georges-sur-Coufan, qui avoient rempli le lieu des assemblées de leurs soldats, arrêté, maltraité les votans, auroient été très-capables de lacérer le procès-verbal, si on l'eût déposé entre leurs mains. Ils n'auroient pas respecté l'acte plus qu'ils n'avoient fait les votans, & le dépôt indiqué par la loi pour conserver le procès-verbal en eût assuré la destruction.

D'ailleurs la plupart des formes prescrites par la loi ne le sont pas à peine de nullité. Le législateur a tracé un plan aux assemblées pour prévenir le désordre & faciliter leurs opérations; mais il n'a pas voulu astreindre si minutieusement le peuple dans l'acte de sa souveraineté, qu'une inattention, un oubli, paralysassent le résultat de ses délibérations, & rendissent fréquemment illusoire l'exercice de ses droits. Un léger écart d'une forme extrinsèque, sur-tout de la part d'une assemblée qui, poursuivie, menacée, délibérant sous le couteau, ne conserve pas toujours le temps & le sang-froid nécessaires, ne peut donc pas annuller des nominations; mais ce qui leur est essentiel & indispensable, c'est la liberté des suffrages, c'est l'ouverture de l'assemblée à tous ceux qui ont droit d'y voter. Si une partie des citoyens en est exclue illégalement; si la force les en repousse; si une troupe armée occupe avant eux ou sans l'ordre du président le local des séances; si les scrutins sont falsifiés; si les votans sont hués, menacés, insultés; si des non-citoyens sont admis, voilà les grandes nullités, & non pas toutes ces chicanes de forme contre un vœu libre & bien constaté. Voilà les vices essentiels dont les anarchistes ont infecté leurs assemblées primaires, & qui doivent en faire proscrire le résultat.

En résumant, les électeurs de l'Oratoire devoient en partie leur qualité à l'intrigue & à la violence. Les mêmes moyens ont régné dans leur assemblée. Ils ont retenu parmi eux ces hommes foibles qui, par calcul, se rangent du côté du plus fort & du plus méchant, parce qu'ils ont vu que l'homme de bien ne se venge pas de ceux qui l'ont abandonné, au lieu que le méchant ne pardonne pas à celui qui n'a pas suivi ses étendards. Leur majorité n'est donc qu'apparente. Ils ont rejeté les véritables électeurs pour admettre ceux qui étoient nommés illégalement. Leurs choix ont porté sur des hommes tarés, réprouvés par l'opinion publique, & dont l'admission acheveroit de jeter dans le désespoir les dix-neuf vigtièmes de ce département. L'assemblée scissionnaire, composée des vrais élus du peuple, forcée de se séparer des oppresseurs, a mis dans ses choix la régularité, le patriotisme & la sagesse. Vous les adopterez, citoyens législateurs ; vous rejeterez les suppôts de Babœuf. Nivelleurs frénétiques, novateurs éternels, ils n'aspirent qu'à tout détruire & bouleverser pour s'élever sur des ruines. Ce serpent, admis dans votre sein, ne tarderoit pas à vous attaquer : il faudroit, ou tomber sous ses coups, ou l'écraser ; & vous ne devez pas faire courir à la République les chances d'un pareil combat. Vous anéantîtes en fructidor les choix des assemblées où le royalisme paroissoit avoir dominé par la ruse ; ici, les manœuvres & les fureurs de l'anarchie sont évidentes, & vous les proscrirez avec la même justice : autrement la loi du 19 fructidor paroîtra n'avoir été qu'un acte de passion, une combinaison de parti.

Et vous, malheureurex habitans de la Loire, qui n'avez pas encore goûté les bienfaits de la constitution de l'an 3 ; qui avez presque toujours eu pour administrateurs des hommes qui ne s'occupoient qu'à vous fatiguer & à indisposer contre vous le gouvernement ; qui, pendant qu'on vous peignoit comme des rebelles, avez patiemment souffert leurs sottises, leurs concussions, leurs vexations arbitraires ; qui avez été mis en état de siége, insultés, pillés, chassés de vos maisons par leurs colonnes mobiles ; qui, vous laissant aller au découragement, vous êtes vus priver de l'exercice de vos droits de souveraineté, & renfermez votre douleur au lieu d'en faire entendre l'expreſſion aux magiſtrats ſupérieurs, rompez un lâche ſilence, prenez courage; vous vous demandez comment ſous un gouvernement libre, protecteur des perſonnes & des propriétés, tant d'excès & d'outrages reſtent impunis : plaignez & gardez - vous de ſoupçonner le gouvernement.

Depuis deux ans, la vérité n'a pu encore percer juſqu'à lui : vos intrigans oppreſſeurs l'ont circonvenu ; ils ont abuſé des hommes qui avoient des droits à la confiance du gouvernement, & s'en ſont fait des appuis près de lui : mais plus le mal a duré, plus il s'étend ſur vous, & plus l'exploſion de la vérite approche. Accélérez - la en élevant de tous les côtés votre voix accuſatrice ; faites connoître au gouvernement tous les maux verſés ſur vos têtes par les hommes qu'il avoit cru bien choiſir ; détaillez-lui les faits ; conjurez-le de les faire vérifier par des hommes neutres, impartiaux : il découvrira tous les piéges qui lui ont été tendus ; il vous arrachera au monſtre de l'anarchie ; il réparera tous vos malheurs ; il fera connoître au Corps légiſlatif toutes les manœuvres employées pour dominer vos aſſemblées primaires ; les complots des conſpirateurs ſeront encore déjoués, & vous aurez pour repréſentans, pour juges, pour adminiſtrateurs des hommes, vrais amis du repos, de l'ordre & de la République.

Les repréſentans du peuple compoſant la députation de la Loire,

FOREST, MEAUDRE, DUGUET.

P. S. Les pièces que le Directoire vient d'adreſſer au Corps légiſlatif, ſur le département de la Loire, jetteront ſans doute un nouveau jour ſur ce qui s'y eſt paſſé.

BAUDOUIN, Imprimeur du Corps légiſlatif, place du Carrouſel, n°. 662, Floréal an 6.